레이첼 카슨,
침묵의 봄을 깨우다

레이첼 카슨
침묵의 봄을 깨우다

강성은 글 · 민승지 그림 · 이수종 감수

천개의바람

# 차례

1장 나는 바다숲 카페지기 … 6

빗자루를 든 소녀 … 8
말썽쟁이 길고양이 코코 … 13
고양이 소리를 들을 수 없다면 … 18

2장 침묵의 봄을 경고한 레이첼 카슨 … 22

슬픈 이야기 하나 … 24
무서운 이야기 하나 … 31
살충제가 하늘이 내린 축복이라고? … 35
환경 운동가의 어머니 … 42

3장 바다를 사랑한 레이첼 카슨 … 48

작가를 꿈꾸던 아이 … 50
과학자가 되겠어 … 57
우리를 둘러싼 바다 … 62
우리가 바다에게 준 것 … 68
경이로운 자연 … 77

4장 나는 바다숲 환경 운동가 … 82

선생님의 선물 … 84
자연을 놀랍게 바라볼 수 있다면 … 88
우리 모두 환경 운동가 … 92
망태기를 든 소녀 … 98

똑똑 공부 환경과 생태계 … 102

1장
나는 바다숲 카페지기

빗자루를 든 소녀

 안녕? 나는 윤해림이야. '바다숲 카페'의 카페지기지. 초등학생 꼬마가 무슨 카페지기냐고? 내 말이 바로 그거야! 초등학생이라면 이 시간에 학원에서 수학 문제를 풀거나 영어 단어를 외우고 있어야 하는 게 당연하잖아? 그런데 나를 좀 보라고. 다른 친구들 공부할 시간에 모래투성이인 마당이나 쓸고 있잖아.
 반년 전까지만 해도 상상도 못할 일이야. 그때만 해도 학교를 마치면 영어, 수영 또는 수학, 논술 학원을 뱅글뱅글 돌고 있었으니까. 특히 내가 살던 도시는 아이들이 경쟁하듯 학원을 대여섯 개씩 다니기로 유명했거든.
 그런데 할아버지가 돌아가시고 나서 모든 게 바뀌었어.

할아버지가 남긴 바닷가 시골집을 팔기 위해 이리 뛰고 저리 뛰던 아빠가 갑자기 집을 팔지 않고 뚝딱 고쳐서 카페를 차리기로 한 거야.

"예전부터 은퇴하면 다시 고향에 내려와 카페를 하며 노후를 보내려고 했단다. 그 노후가 좀 앞당겨진 것 뿐이야. 한 20년 정도? 핫핫핫!"

주중에는 야근을 하느라, 주말에는 잠만 자느라 얼굴 볼 새도 없던 우리 아빠한테 이런 배짱이 있을 줄은 나도 몰랐다니까.

아빠의 말에 불같이 반대를 하던 엄마가 갑자기 찬성으로 돌아서자 일은 일사천리로 진행되었어. 눈 한번 깜박한 사이에 할아버지의 집은 카페로 변신을 했고, 내려올 때마다 가끔씩 지냈던 2층 작은 방은 이제 매일매일을 보내야 하는 내 방이 되었어.

나중에 안 사실이지만 아빠는 회사를 그만둔 게 아니라 회사가 작아지면서 자연스럽게 나오게 된 거래. 그게 얼마나 자연스러운 일인지는 잘 모르겠지만, 아빠 표정이 어두워졌다가 이사를 결정하자마자 다시 밝아진 것을 보면 그리 나쁜 일만은 아니었던 것 같아.

나한테도 좋은 일이었어. 친구들과 헤어지는 것은 무지무지 아쉬웠지만, 엄마가 이렇게 약속했거든.
　"거기 가면 수학 학원은 안 다녀도 된다, 오케이?"
　"영어 학원도 안 다니면 오케이!"
　"그래, 까짓 오케이!"
　나야 신났지. 이제부터 학원에 앉아 있는 대신 바다에 풍덩 들어가서 물놀이를 할 수 있겠구나 하고 생각했으니까. 수영 학원을 다니길 잘했구나 싶었어.

하지만 학원 대신 밤마다 엄마표 과외를 받게 될 줄은 몰랐어. 학원 선생님보다 더 깐깐하고 잔소리 많은 엄마 선생님이 기다리고 있을 줄이야. 게다가 바다에 들어가 물장구치는 시간보다 빗자루를 들고 카페 청소하는 시간이 더 많아질 줄은 꿈에도 몰랐고 말야.

더군다나 오늘처럼 카페를 닫는 월요일. 근처에 새로 문을 연 카페에 염탐을 간다는 핑계로 데이트를 나간 엄마 아빠 대신 마당을 쓸어야 하는 내 신세라니! 황금 같은 연휴에 이게 무슨 꼴이람. 콩쥐나 신데렐라가 딱 내 이야기라니까!

말썽쟁이 길고양이 코코

 마당은 대충 쓸어 버리고 얼른 달콤한 코코아 한잔 타서 마셔야겠어. 핫초코는 내가 아빠보다 더 맛나게 탈 수 있어. 그런데 킁킁, 이게 무슨 냄새지? 또 그 녀석 짓이구나!
 우리 카페에는 단골손님이 사람 말고도 또 있어. 길고양이들! 도시의 아파트에 살 때도 길고양이들을 자주 보긴 했지만, 여기 길고양이들은 차원이 달라. 도시의 길고양이들은 앙상하게 마른 아이들이 많았거든? 눈만 마주쳐도 후닥닥 도망가 버렸고. 그런데 여기 고양이들은 안 그래. 관광객들이 주는 음식을 배부르게 먹어서 그런지 몸집은 통통, 털은 반질반질, 사람들도 전혀 무서워하지 않아. 관광객들이 쓰다듬으려고 다가가면 줄행랑을 치는 대신 콧방귀를

뀌며 어슬렁어슬렁 가 버린다니까.

난 고양이들이 싫지는 않지만 그렇다고 막 좋지도 않아. 정확하게 말하자면 좀 귀찮다고나 할까. 가끔씩 모래가 잔뜩 묻은 발로 카페 안에 들어오는 녀석들이 있거든. 그 모래를 치우는 게 누구겠어?

그중에서도 검은색에 발만 하얀 코코는 정말 못 말려. 덩치는 산만 하고 볼까지 통통한 데다 먹는 욕심은 얼마나 많다고. 게다가 자기 몸은 그렇게 깨끗하게 핥고 또 핥아 대면서 자기가 먹고 남긴 음식 찌꺼기는 함부로 버린다니까. 그것도 우리 집 뒷마당에! 그것도 꼭 땅을 파서! 나랑 숨바꼭질하자는 거야 뭐야? 내가 음식 찌꺼기를 바로 찾아내면 다행이지만 못 찾고 지나가면 끝장이야. 금세 퀴퀴하게 썩는 냄새가 올라온다고. 지금처럼!

"코코 이 녀석! 네가 묻어 둔 음식 때문에 생긴 날벌레랑 개미로 내가 얼마나 고생인 줄 아니? 살충제를 아무리 뿌려도 소용없다고!"

나는 삽이랑 비닐봉지를 들고 뒷마당으로 향했어.

역시나 코코였어. 오늘은 아예 배를 드러내고 쿨쿨 잠을 자고 있네.

"요 녀석, 너 오늘 잘 걸렸다."

어, 그런데 웬일로 코코가 이 시간에 여기 있지? 아직 2시도 안 되었는데. 이 시간이면 코코는 길 건너 바다횟집 앞에서 놀거든. 손님이 남기고 간 회를 식당 아주머니가 나누어 주시니까.

나는 코코에게로 살금살금 다가갔어. 어떻게 골려 줄까 머리를 굴리면서. 그런데 코코가 좀 이상해. 입가에 허연 거품을 잔뜩 묻히고 있어!

"코코! 코코?"

코코 옆에는 흙이 묻은 샌드위치 조각이 나뒹굴고 있었어. 설마 너 땅에 묻은 샌드위치를 다시 꺼내 먹은 거야? 어제 날벌레 없앤다고 살충제 뿌리다가 실수로 잔뜩 쏟아 버렸는데…….

"코코 죽은 거야? 코코, 코코!"

동물 병원까지 어떻게 왔는지도 모르겠어. 코코를 들어 안고 무조건 뛰었던 것 같아. 곧바로 머릿속에 동물 병원이 떠올라서 다행이야. 얼마 전 하얀 가운을 입은 수의사 선생님이 강아지 모양의 백설기를 나누어 주어서 기억하고 있었어. 내가 먹다 둔 백설기를 덥석 물어 간 녀석도 코코였는데.

"선생님, 코코가 안 움직여요! 살충제를 먹은 것 같아요."

내가 다급하게 외치자, 선생님이 벌떡 일어나셨어.

"어, 멜로?"

선생님은 코코를 멜로라고 부르셨어. 선생님은 진료대에 코코를 눕힌 뒤, 청진기로 코코 몸을 구석구석 살펴보셨어. 코코의 입가에 묻은 거품과 토사물을 만져 보기도 하고 냄새를 맡기도 했어.

"선생님, 어떡해요. 우리 코코 죽는 거예요?"

그러자 선생님이 나를 향해 다정하게 웃어 주셨어.

"네가 빨리 발견해서 다행이야. 위를 깨끗이 씻어 내면 괜찮아질 거야."

선생님은 코코를 안고 안쪽 수술실로 들어가다 뒤돌아 나에게 휴지를 건네주셨어.

그때까지만 해도 나는 내가 울고 있는 줄도 몰랐어.

고양이 소리를 들을 수 없다면

그로부터 1시간 뒤, 나는 선생님과 마주 앉아 있어. 조마조마했던 가슴을 쓸어내리며. 그래, 코코는 안 죽었어. 코코는 무사해. 코코는 지금 입원실에서 잠자고 있어.

선생님 말씀이 코코가 곧바로 토해서 살 수 있었던 거래. 살충제 성분이 몸에 다 흡수되기 전에 뱉어 낸 셈이니까.

선생님도 한숨 돌렸는지 내 옆에 앉아 이야기를 꺼냈어.

"코코라는 이름은 네가 지은 거야? 나는 멜로라고 부르거든. 털이 온통 까만데 발만 하얘서. 꼭 핫초코에 들어 있는 마시멜로 같잖아."

선생님이 먼저 가라앉은 내 기분을 풀어 주려는 듯 유쾌하게 말씀하셨어.

"네, 제가 지었어요. '코코아'에 '코코'. 까맣잖아요."

"그래서 내가 아무리 멜로라고 불러도 들은 척도 안 했구나. 코코라는 이름이 이미 있으니까. 더 잘 어울리는걸."

"에이, 어울리긴요. 너무 못생겨서 이름이라도 예쁘라고 코코라 부른 거예요. 그리고 코코라고 불러도 안 와요. 얼마나 거만하다고요, 히히."

"하하, 코코가 좀 울퉁불퉁하게 생기긴 했지."

 선생님도 코코를 잘 알고 계셨어. 선생님은 우리 동네 길고양이들은 다 한 번씩 만나 보셨대. 길고양이 생활을 하다 다친 고양이들은 치료도 해 주시고 말이야. 역시 수의사 선

생님이라 다른 것 같아. 난 코코라는 이름만 붙여 주었을 뿐 코코에게 잘해 준 게 하나도 없어. 오히려 위험에 빠뜨리기나 하고.

내 얼굴이 다시 흐려지자 선생님이 부드럽게 말씀하셨어.

"하루 정도 수액이랑 해독제를 맞으면 살충제 성분이 다 빠

져나갈 거야. 그럼 다시 예전처럼 씩씩해질 테니까 걱정 마."

"저는 코코가 자기가 버린 음식을 다시 주워 먹을 거라고는 생각도 못했어요. 제가 가끔 카페 음식도 챙겨 주거든요. 저는 그냥 날벌레들이 자꾸 생기니까, 벌레들 없애려고 조금만 뿌리려고 했는데……. 흑흑흑!"

내 눈에서 눈물이 또르르 흘렀어. 그러자 선생님이 내 어깨를 토닥여 주셨어.

"그렇게 울면 너도 탈진해서 수액 맞아야 할걸. 그만 울자. 다 괜찮아졌으니까. 우리 코코가 무사한 기념으로 코코아 한잔 마실까?"

선생님은 박수를 한 번 짝 치고 일어나 전기 주전자에 물을 올렸어. 그러다 문득 떠오른 듯 말씀하셨어.

"레이첼 카슨이 지금의 세상을 본다면, 더 이상 새의 노랫소리가 아니라 고양이 울음소리를 들을 수 없게 될 거라 말했을지도 모르겠구나."

"레이첼 카슨이 누구예요? 유명한 수의사 선생님이에요?"

2장
침묵의 봄을 경고한 레이첼 카슨

슬픈 이야기 하나

"레이첼 카슨이 어떤 사람인지 알려 주기 전에 선생님이 이야기 하나 들려줄게."
"이야기요? 좋아요!"

상상해 봐.
빨주노초파남보 무지개처럼 저마다의 꽃잎을 뽐내며 한들한들 피어 있는 들꽃을.
상상해 봐.
하늘 높이 우뚝 솟아나 푸르른 나뭇가지를 우렁차게 뻗어 내고 있는 숲속을.
상상해 봐.

예쁜 꽃들 사이를 신나게 뛰어놀고 있는 온갖 동물들을. 높은 나무 사이를 날아다니며 지지배배 노래하는 새들을.

"그런 울창한 숲속에 있는 마을을 떠올려 봐. 한 폭의 그림같이 아름답겠지?"
"명작 동화는 다 그림 같은 마을에서 시작하니까요!"
"그런가? 그러니까 이야기겠지? 해림아, 조금만 더 들어봐."

이 그림 같은 마을에서 사람들은 날마다 새들의 노랫소리를 들으며 잠에서 깨어났어. 사람들은 부지런했어. 봄이면 씨를 뿌리고 가을이면 곡식을 거두었지. 소, 돼지, 닭 같은 가축들도 가족들처럼 정성껏 길렀어. 사람들은 평화로운 나날이 영원하리라 믿었어.

"그런데 말야……."
"네, 그런데요?"

어느 날부터인가 마을에 이상한 일이 벌어지기 시작했어. 가축들이 더 이상 새끼를 낳지 않는 거야. 혹은 새끼를 낳아도

그 새끼들이 금세 죽어 버렸어. 그뿐만이 아니야. 철마다 옷을 갈아입듯 색깔을 바꾸던 꽃과 나무들이 시들시들해지더니 더 이상 열매도 맺지 않았어. 아름답고 평화롭던 마을이 점점 죽어 가고 있었던 거야. 마을이 왜 이렇게 변해 버렸을까? 언제나 명랑하고 활기차던 숲속이 왜 이렇게 죽은 것처럼 조용해졌을까?

왜 갑자기 마을이 조용해진 거지? 아, 모르겠다. 난 추리에는 약하거든.

"음, 마을이 조용해진 이유는…… 사람들이 몽땅 사라져 버려서요?"

"아니, 사라진 건 새들이었어. 아침마다 마을 사람들을 상쾌하게 깨워 주던 새의 노랫소리가 더 이상 들리지 않게 된

거야. 그게 마을이 조용해진 이유지."

"왜요, 선생님? 왜 새들이 다 사라져 버린 거예요?"

"그건 하늘에서 내린 하얀 가루 때문이었어."

"눈이요? 혹시 병균이 잔뜩 묻은 눈? 아니면 마녀가 뿌린 마법 가루?"

"아니, 말 그대로 하얀 가루. 이 마을에는 얼마 전 하늘에서 마치 눈이 내리듯 하얀 가루가 내려온 적이 있었어. 처음에는 이 하얀 가루가 마을을 더 풍요롭게 만들어 줄 거라고 생각했어. 그런데 오히려 반대의 상황이 되었지. 활기찼던 생명들은 사라지고 마을에는 이 하얀 가루만 남게 되었단다."

무서운 이야기 하나

"동화치고는 마지막이 으스스한데요? 선생님은 공포물을 좋아하시나 봐요."

내가 몸서리치며 말하자 선생님이 살짝 미소를 지었어.

"그래, 이건 장르로 치자면 공포물이겠구나."

"그런데 선생님, 마지막 부분이 좀 허술하지 않아요? 하얀 가루 때문에 새가 죽고 나무가 죽는다는 건 너무 갑작스러운 결말이잖아요. 저라면 좀 더 그럴듯한 결말을 고민할 것 같아요."

"그렇네. 그저 흥미로운 이야기를 지어내려고 했다면 하얀 가루 때문에 마을에 재앙이 닥쳤다는 설정은 허무맹랑해 보일 수 있겠구나. 하지만 이 이야기는 지어낸 이야기가 아닌걸. 실제로 벌어진 일을 동화 형식으로 들려준 거지. 사실 이야기의 핵심이 바로 하얀 가루야."

"이야기의 핵심이 하얀 가루라고요? 그게 뭔데요? 흰 눈이에요? 아니면, 마녀가 만든 마법 가루인가요?"

"아니야, 바로 과학이 만들어 낸 가루, 디디티(DDT)라는 화학 살충제야."

"살충제요?"

"응, 해림이도 날벌레가 너무 많이 생겨서 살충제를 뿌렸다고 했지? 반면에 살충제가 몸에 좋지 않다는 것도 잘 알고 있었어. 그러니까 코코가 쓰러진 게 살충제 때문이라는 걸 바로 알아채고 병원으로 달려왔잖아."

"당연하죠. 우리 엄마는 채소 살 때 꼭 무농약인가 아닌가 확인해요. 채소에 뿌린 농약 성분이 우리 몸속에 고스란히 쌓인다고요."

진짜야. 우리 엄마는 마트에 가면 꼭 무농약 마크를 확인하고 재래시장에 가면 벌레가 잔뜩 갉아 놓은 채소만 골라. 벌레 먹은 자국이 있는 걸 보면 농약을 거의 쓰지 않았다는 뜻이니까 오히려 몸에 더 좋은 채소라나!

그러면서 진짜 벌레를 보면 또 질색을 해. 한번은 카페에

개미 떼가 생겨서 쿠키에 잔뜩 달라붙은 적이 있었거든? 그날 당장 방역 업체 불러서 개미 떼를 잡는다고 난리도 아니었어. 카페처럼 먹을거리를 파는 가게는 청결이 우선이니까 벌레가 들끓게 하면 절대 안 된대. 우리 집에는 개미용, 바퀴벌레용, 날벌레용 살충제가 따로 있을 정도야.

"해림이네 집처럼 사람들은 해충을 없애기 위해 살충제를 써. 동시에 살충제를 많이 쓰면 사람들 몸이나 환경에 좋지 않다는 것도 다 알아. 그래서 아주 조심스럽게 사용해. 용도에 맞는 약품을 골라서 적절한 양을 사용하지.

그런데 화학 살충제가 세상에 막 나왔을 때에는 그게 사람이나 동물들에게 해롭다는 걸 사람들이 잘 몰랐어. 그 사실을 알려 준 게 바로 레이첼 카슨이야. 《침묵의 봄》이라는 책을 통해서 말이야."

"침묵의 봄이요? 아, 선생님이 들려주신 이야기 속 내용처럼 봄이 와도 새의 노랫소리가 들리지 않으니까 '침묵의 봄'이라고 한 거군요?"

"맞아, 침묵의 봄. 언뜻 들으면 서정적이지만 참 무시무시한 제목이지. 아까 내가 들려준 동화와 비슷한 내용의 이야기가 《침묵의 봄》에 실려 있단다."

살충제가 하늘이 내린 축복이라고?

　선생님은 그 하얀 가루, 그러니까 디디티에 대한 긴 이야기를 시작하셨어.

　"레이첼 카슨이 《침묵의 봄》을 쓴 건 1962년이야. 그러니까 지금으로부터 한 60년 전? 그때로 잠시 거슬러 올라가 볼까? 그때의 사람들은 오히려 살충제를 적극적으로 썼어. 특히 디디티라는 살충제를 많이 썼지.
　해림이도 말라리아라는 병의 이름은 들어 봤지? 모기를 통해서 감염되는데 심하면 죽음까지 이르게 하는 병이야. 이 디디티가 말라리아를 옮기는 모기를 없애는 데 특효약이었나 봐. 어떤 나라에서는 디디티 덕분에 800만 명이었

던 말라리아 환자가 800명으로 줄어드는 획기적인 효과를 보기도 했대.

사람들은 디디티가 얼마나 반가웠을까? 디디티라는 하얀 가루만 뿌리면 병균을 옮기고 농작물을 병들게 하는 해충들을 몽땅 없애 버릴 수 있으니까.

사람들은 비행기에 디디티를 잔뜩 싣고 하늘에서 뿌려 댔어. 해충 때문에 작물이 시들어 가던 논밭에도 뿌리고 숲에도 뿌리고 강에도 뿌리고 사람들이 사는 마을에도 뿌렸어. 그랬더니 머리카락에 숨어 있던 이도 없어지고 온몸을 물어 대는 모기도 없어지고 집 구석구석에 있던 벌레들도 다 없어졌단다.

하늘에서 내려오는 디디티 가루는 하얀 눈송이만큼이나 사람들에게 축복이었을 거야.

그런데 시간이 지나자 조금씩 이상한 일이 벌어지기 시작해.

어느 날, 한 마을에 울새가 사라졌어. 처음에는 이게 디디티 때문일 거라고는 꿈에도 생각 못했어. 직접 먹지 않는 한 동물이나 사람들이 디디티 때문에 죽을 일은 없었거든. 디디티는 그저 눈에 보이지도 않는 작은 병균이나 혹은 아주 작은 벌레들에게만 영향을 끼치는 가루였으니까. 실제로도 울새가 디디티 가루를 먹고 죽은 건 아니었어.

　그러면 울새는 왜 죽었을까? 자신의 먹이였던 지렁이 때문이었어. 지렁이가 먼저 디디티가 잔뜩 스며든 나뭇잎을 먹었고, 울새는 또 디디티에 중독된 지렁이를 먹었으니, 다 같이 디디티에 오염된 거야.

　어떤 마을에서는 강물을 헤엄치던 송어들이 죽어서 물 위에 동동 떠다녔어. 역시 디디티가 직접적인 원인은 아니었어. 송어들은 굶어 죽은 거였거든.

그러면 송어들은 왜 굶어 죽었을까? 사람들이 강물에 디디티를 뿌린 바람에 송어의 먹이였던 물속의 작은 벌레들이 다 사라졌기 때문이었어.

그뿐만이 아니야. 살충제 덕분에 줄어들었던 해충들은 얼마 지나자 오히려 더 늘어나기 시작했어. 살충제에 내성이 생긴 거야. 그러자 사람들은 더 독한 살충제를 만들어서 해충들을 없앴어. 하지만 소용없었어. 머지않아 더 독한 살충제에도 끄떡없는 해충들이 생겨났거든. 결국 아무리 독한 살충제를 만들어 내도 해충들을 영원히 사라지게 할 수 없었어. 살충제만 더 독해질 뿐이었지.

레이첼 카슨은 예전부터 살충제를 많이 사용하면 벌어질 일들을 걱정하고 있었어. 그래서 《침묵의 봄》을 써서 사람들에게 살충제가 세상에 끼치는 나쁜 영향에 대해 알리기로 한 거야.”

선생님의 이야기는 무시무시했다. 코코도 살충제 때문에 쓰러진 것이니 화학 살충제 문제는 지금도 계속되고 있는 셈이다.

🐞 먹이 사슬을 통해 전해지는 화학 살충제

《침묵의 봄》에서 울새가 사라진 이유는 바로 먹이 사슬 때문이었어요. 처음에 사람들은 네덜란드느릅나무병을 일으키는 병원균을 막기 위해 나무에 디디티를 뿌렸어요. 그런데 디디티를 뿌린 다음 해부터 울새가 한두 마리 죽기 시작하더니 몇 년 지나지 않아 울새가 모두 죽어 버리고 말았어요. 바로 나뭇잎과 울새 사이에서 먹이 사슬의 고리를 이루었던 지렁이 때문이었지요. 나뭇잎에 뿌려진 디디티가 지렁이를 통해 울새의 몸까지 전해진 거예요.

환경 운동가의 어머니

"선생님, 그러니까 레이첼 카슨은 환경 운동가인 거죠? 텔레비전에서 저처럼 어린데 환경 운동가가 된 언니를 봤어요."

며칠 전, 엄마 아빠랑 밥 먹으면서 환경의 날 특집 프로그램을 본 적이 있어. 그때 텔레비전에 10대 환경 운동가로 유명한 외국인 언니가 나왔어. 환경 오염이 얼마나 심각한지 어른들한테 항의하는 의미에서 학교도 안 가고 피켓을 들고 거리로 나왔다고 했어.

학교를 빼먹었다는 말에 나도 환경 운동가가 되겠다고 했더니 엄마가 이러셨지.

"저 언니는 유엔에서 연설도 하고 그랬어. 저렇게 전 세계 사람들 앞에 서려면 어때야 할까? 영어를 잘해야겠지?"

그래서 그날 밤 영어 단어를 평소보다 20개는 더 외워야 했지.

"책까지 쓴 거 보면 레이첼 카슨은 진짜 유명한 환경 운동가였나 봐요, 그렇죠?"

내 말에 선생님이 싱긋 웃었어.

"레이첼 카슨이 계속 살아 있었다면 환경 운동가가 되었을까? 안타깝게도 카슨은 《침묵의 봄》을 출판하고 2년 뒤

10대 환경 운동가 그레타 툰베리

그레타 툰베리는 스웨덴의 환경 운동가예요. 그레타는 열다섯 살이던 2018년 가을부터 학교를 결석하고 대신 국회의사당으로 가서 '기후를 위한 학교 파업'이라고 적은 피켓을 들고 환경 운동을 시작했어요. 이후 그레타의 뜻에 함께하는 사람들이 늘어나 '기후를 위한 학교 파업'은 '미래를 위한 금요일'이라는 거대한 환경 캠페인이 되었어요. 이를 계기로 그레타는 2019년 유엔 본부에서 열린 기후 행동 정상회의에서 연설을 하게 되었고, 세계적으로 유명한 환경 운동가가 되었어요. 노벨 평화상 후보에 오른 것은 물론 2019년에는 '레이첼 카슨 상'을 받기도 했답니다.

인 1964년에 세상을 떠났어. 암으로 몸이 많이 아팠거든. 그럼에도 불구하고 카슨은 환경 오염의 심각성을 알리기 위해 여러 분야에서 열심히 노력을 했어. 그 때문일까? 레이첼 카슨이 세상을 떠난 뒤,《침묵의 봄》을 읽은 많은 사람들이 환경 운동가가 되었어. 그래서 레이첼 카슨을 '환경 운동가의 어머니'라고도 불러."

환경 운동가는 아닌데 환경 운동가들의 어머니라니. 좀 재미있는걸!

"그럼 카슨은 작가 선생님인 거네요?《침묵의 봄》이라는 책을 썼으니까요."

"작가였지. 그것도 사람들의 마음을 울리는 글을 쓸 줄 아는 훌륭한 작가였어."

"전 세상에서 글 쓰는 사람이 가장 신기해요. 난 글자만 봐도 졸음이 쏟아지는데."

"그래? 선생님은 어릴 적 꿈이 작가였는데. 그래서 선생님이 카슨을 좋아하나 봐. 카슨도 어렸을 적부터 작가를 꿈꾸었으니까. 아니지, 카슨은 어릴 때부터 이미 작가였지."

"정말요?"

우아, 어렸을 때부터 작가였다니. 레이첼 카슨은 생각보다 대단한 사람이었나 봐.

"응, 아마 해림이만 할 때였을걸? 카슨이 당시 유명했던 어린이 잡지에 글을 보냈는데 그 글이 잡지에 실렸거든."

아하, 난 또 뭐라고. 내 친구 윤지도 어린이 잡지에 글을 보낸 적이 있어. 또 동석이란 아이는 웹툰 작가가 꿈이라면서 인터넷에 맨날 우스꽝스러운 그림을 올려. 으스대는 꼴이 보기 싫어서 모른 척하고 있었지만 나도 동석이가 그린 만화를 웹툰 사이트에 몰래 들어가 보고는 해. 꽤 웃기거든.

"해림이 표정을 보니까 별로 흥미롭지 않은 모양인데, 그만할까?"

"아니에요, 더 들려주세요! 레이첼 카슨에 대해서 알고 싶어요."

레이첼 카슨에 대해 더 알고 싶다고 말하긴 했지만 사실 코코를 놔두고 혼자 집에 가는 게 마음에 걸려서였어. 그렇다고 거짓말은 아니야. 왜냐면 난 결과적으로 레이첼 카슨을 좋아하게 되었거든.

🐞 환경 운동의 시작이 된 《침묵의 봄》

디디티는 1874년 오스트리아의 한 과학자가 처음으로 합성했어요. 초기에는 그저 하나의 새 화합물에 불과했지만 1939년 폴 밀러라는 과학자가 디디티에 살충제 효능이 있다는 것을 알아냈어요. 실제로 디디티는 당시 유행하던 말라리아, 티푸스 같은 전염병을 없애는 데 큰 공을 세웠어요. 사람들은 곧 디디티를 '신이 내린 축복의 물질'이라며 받아들였고 폴 밀러는 노벨상까지 받았어요.

하지만 레이첼 카슨은 디디티가 해충들만 없애는 게 아니라 동물들, 사람들에게까지 영향을 끼칠 것이라는 사실을 알았어요.

그래서 카슨은 약 4년에 걸쳐 세계 곳곳에서 발생한 디디티 피해 사례들을 직접 수집하고 연구했어요. 그리고 1962년 그 결과물인 《침묵의 봄》을 세상에 내놓았지요. 《침묵의 봄》이 나오자마자, 디디티를 비롯한 살충제를 생산하던 기업들은 카슨이 거짓말을 한다며 무섭게 공격했어요. 하지만 사람들은 기업들의 속임수에 넘어가지 않았어요. 《침묵의 봄》 덕분에 살충제가 더 이상 '신이 내린 축복의 물질'이 아니라는 것을 알게 되었지요. 이듬해인 1963년, 케네디 대통령은 환경 문제를 다루는 대통령 특별 자문 위원회를 꾸렸어요. 1969년에는 미국 의회가 청문회를 열어서 디디티가 암을 유발할 수 있다는 증거를 찾아냈어요. 이를 계기로 1972년, 미국 환경부는 마침내 디디티 사용을 금지하도록 했답니다.

《침묵의 봄》은 지금도 미국을 비롯한 세계 곳곳에서 환경 운동을 불러일으킨 계기가 된 책으로 평가받고 있어요.

지금도 해충을 없애기 위해 살충제를 흔히 쓰고 있어요.

작가를 꿈꾸던 아이

"해림이에게 선생님이 좋아하는 레이첼 카슨을 잘 소개해 주고 싶은데, 어떻게 이야기를 들려주면 좋을까? 카슨이 남긴 업적에 비해서 카슨의 삶은 무척 평범했거든."

"그래도 그런 거 있잖아요. 어렸을 때 찢어지게 가난했다거나, 어렸을 때부터 똑똑해서 맨날 전교 일등을 했다거나, 아니면 반대로 맨날 꼴찌였는데 알고 보니 대단한 천재였다거나 하는 거요. 위인전에 나오는 사람들은 다 그렇잖아요."

"그중에 하나는 있구나. 가난했다는 것? 1907년 미국 펜실베이니아주에서 태어난 카슨은 어렸을 때 마을에서 동떨어진 숲속에서 살았어. 전기 시설도 제대로 되어 있지 않은

낡은 오두막이었다지.”

"그럼 그거죠? 가난을 이기기 위해서 열심히 글을 써서 백만장자가 되었다는 인생 역전 스토리!"

내 말에 선생님이 웃음을 터뜨렸어.

"그렇게 말하니까 그런 것도 같네. 레이첼 카슨이 쓴 책들은 베스트셀러가 되었으니까."

"안 봐도 뻔하죠. 제가 논술 학원에서 읽은 위인전만 100권이 넘을걸요!"

"한 줄로 요약해 버리니까 뻔해 보이기는 하지만 또 그렇지만은 않을걸? 누구에게나 각자의 삶에는 자기만의 고유한 이야기가 들어 있으니까."

선생님이 나름 진지한 표정을 지으며 말을 이었어.

"카슨의 집은 가난했어. 아버지는 돈을 벌기 위해 항상 집을 떠나 있어야 했고, 어머니는 살림을 꾸리느라 바쁘셨지. 언니와 오빠가 있었지만 나이 차이가 크게 나서 카슨이 어린아이였을 때는 학교에 다니느라 카슨과 놀아 줄 시간이 없었대. 한마디로 카슨은 외로운 꼬마였어."

나도 외로움이 뭔지 조금 알아. 여기로 이사 온 지 얼마 되지 않았을 때였어. 아직 학교를 안 가서 친구들도 못 사

귀고 항상 집에만 있었거든. 그날도 2층 거실에서 텔레비전을 보며 빵을 먹고 있었는데 깜빡 잠이 들었었나 봐. 문득 깨어나 보니 어두컴컴한 저녁이 되었는데, 이상하게 가슴이 먹먹해지는 거야. 갑자기 울컥해서 눈물이 날 뻔했던 적이 있어. 엄마 아빠가 곧 시장에서 돌아오시긴 했지만.

"저도 엄마 아빠가 집에 안 계실 때 세상에 혼자 남겨진 것만 같았던 적이 있어요. 그때 창밖에서 파도 소리마저 들리지 않았으면 엉엉 울어 버렸을 거예요."

그날 이후 엄마에게 꾸지람을 듣거나 학교에서 속상한 일이 생기면 밤에 창가에 앉아서 파도 소리를 듣곤 해. 그러면 일렁이던 마음이 차분해지거든.

"레이첼 카슨도 그랬어. 해림이에게 외로움을 달래 주는 파도 소리가 있었다면 꼬마 레이첼 카슨에게는 숲이 있었어. 온종일 숲을 거닐며 꽃과 나무, 숲속에 사는 동물들을 구경하는 게 레이첼 카슨의 놀이였지. 카슨에게 숲은 신나는 놀이터이자 평온한 쉼터였던 거야. 그런 카슨에게 어머니는 들꽃이나 동물들의 이름을 자세히 가르쳐 주시곤 했대. 카슨의 어머니도 자연을 사랑하는 분이셨거든."

역시 위인의 부모님은 뭐가 달라도 달라. 우리 엄마 아빠는 아직도 시장에서 생선을 살 때, "이 물고기 이름이 뭐예요?"라고 물어봐. 우리 아빠는 바닷가 출신이 맞나 몰라.

"레이첼 카슨은 조용하고 수줍음 많은 소녀로 자랐어. 소박하고 정다운 성품도 엄마를 꼭 빼닮은 거라지. 책을 좋아하는 것도 어머니 영향이었던 것 같아. 카슨의 어머니는 카슨이 두 살이 되었을 때부터 책을 읽어 주셨어. 글자를 읽을 수 있게 된 다음부터는 카슨이 읽었고."

이 부분에 대해서는 별로 할 말이 없네. 우리 엄마도 나 어렸을 때 그림책을 진짜 많이 읽어 주셨거든. 역시 위인은 유전이 아닌 건가?

"학교에 들어간 카슨은 공부를 썩 잘했어. 이게 해림이가 말했던 위인의 조건이 될 수도 있겠구나. 맨날 전교 1등? 하하하, 말하자면 카슨도 그런 아이였겠다. 공부도 잘하고 친구들과도 잘 지내는 우등생."

아, 우등생. 나에게는 전혀 어울리지 않는 단어.

"레이첼이 십 대를 보냈던 시절은 지금과 달랐어. 대부분의 여자아이들은 고등학교를 졸업하면 결혼을 하거나 일을 시작했어. 대학교에 들어가 공부를 계속하는 경우는 드물었지. 카슨은 집안 형편도 좋지 않았으니까 일을 하는 게 어쩌면 당연한 순서였을지도 몰라. 하지만 레이첼 카슨은 어머니의 전폭적인 지지를 받으며 대학교에 들어갔어. 작가가 되기로 결심한 거야. 그런데 대학교에서 레이첼 카슨의 인생이 크게 바뀌는 사건이 일어난단다."

 오, 드디어 사건의 시작인가? 두둥!

과학자가 되겠어

"대학에 들어간 카슨은 누구보다도 열심히 공부했어. 좋아하는 시인의 글을 연구하고 직접 글을 써서 칭찬도 많이 받았어. 그러다 카슨의 삶에 결정적인 변화가 일어나. 생물학 강의를 듣게 되었는데 이 생물학 공부에 푹 빠져 버리게 된 거야.

그전까지는 읽고 쓰는 것만이 가장 큰 행복이라고 생각했는데 생물학은 또 다른 세계였던 거야. 그래서 고민, 고민하다 결심을 해. 작가가 아니라 생물학을 공부하는 과학자가 되기로."

"설마 이게 삶을 뒤흔드는 중대한 사건이라고요? 생각보다 반전이 약한걸요!"

"어렸을 때부터 작가가 되겠다는 꿈 하나로 지금까지 달려왔는데, 갑자기 과학자의 길을 걷기로 결정한 거니까. 그 정도면 큰 반전 아닌가? 하하!"

그런가? 나는 벌써 꿈이 몇 번이나 바뀌었는지 몰라. 유치원 때는 선생님이 되고 싶었고, 초등학교 1학년 때는 가수가 되고 싶었어. 김연아 언니의 경기를 봤을 때는 피겨 스케이팅 선수가 되고 싶었다가 백종원 아저씨가 나오자 바로 요리사가 되겠다며 주방을 난장판으로 만들기도 했어.

"그래도 결국 과학자가 되진 못한 거잖아요. 작가가 된 거죠? 책을 냈으니까요."

"음, 레이첼 카슨 같은 모범생이 공부를 게을리했을 리는 없겠지? 카슨은 물론 과학자가 되었어. 꾸준히 연구하고 열심히 공부했으니까. 그중에서도 바다와 바다 생물을 연구하는 해양 생물학자가 되었단다."

"그럼 베스트셀러 작가는 어떻게 된 거예요?"

"카슨이 무척 유능한 과학자였기 때문이지. 철저하게 조사하고 집요하게 연구하는 과학자가 되었기 때문에 카슨은 다시 작가의 꿈을 이룰 수 있게 된 거야."

이건 또 웬 반전일까? 내가 고개를 갸우뚱거리자 선생님이 물었어.

"해림이는 교과서가 재미있어, 아니면 이야기책이 재미있어?"

"당연히 이야기책이죠. 교과서는 딱딱하고 지루해요."

선생님이 다시 물었어.

"이야기책은 왜 재미있어?"

"음, 글쎄요. 멋진 주인공이 나오니까? 주인공이 모험도 떠나고 사건을 해결하고 그러니까 흥미진진하고 재미있죠."

그러자 선생님이 고개를 끄덕이며 말했어.

"레이첼 카슨도 그렇게 생각했던 것 같아. 카슨은 바다와 바다 생물을 연구할수록 자연이야말로 흥미진진한 이야깃거리가 가득 담긴 신비롭고 아름다운 세계라는 것을 알게 되었어. 그래서 그동안 배우고 익힌 지식을 사람들에게 전해 주고 싶어졌지. 그런데 이걸 교과서적인 문장으로 썼다

고 생각해 봐. 과학 정보만으로도 낯설고 어려울 텐데, 문장마저 학술 서적의 글처럼 딱딱하다면? 어렵고 지루해서 읽으려는 사람이 없겠지? 그래서 레이첼 카슨은 생각했어. 과학책이지만 소설처럼 재미있는 책이 될 수 있도록 쓰자. 주인공은 바로 바다. 등장인물은 바다 생물들. 사건은 바다에서 일어나는 모든 일들!"

우리를 둘러싼 바다

"레이첼 카슨은 바다에 대한 책을 세 권 썼어. 《바닷바람을 맞으며》, 《우리를 둘러싼 바다》, 《바다의 가장자리》. 제목도 무척 시적이지? 이 중에서 두 번째로 낸 책인 《우리를 둘러싼 바다》에 대해 이야기해 볼까?

 이 책은 '어머니 바다'로 시작해. 혹시 지구 최초의 생명이 바다에서 탄생했다는 걸 알고 있니?

 레이첼 카슨은 첫 장을 생명의 어머니라 할 수 있는 바다가 어떻게 생겨났는지에 대한 설명부터 시작해. 오래된 암석이나 달 표면에 남아 있는 증거 등 과학적인 자료를 바탕으로 바다의 나이를 추적하지.

 레이첼 카슨은 바다를 과학자의 눈으로 한 번, 시인의 눈으로 한 번, 이렇게 두 번 보는 것 같아. 예를 들어, 해림이도 바닷물이 밀려왔다 밀려가는 밀물과 썰물을 알고 있지? 이를 먼저 과학자의 눈으로 본다면 밀물, 썰물은 달의 인력이 바닷물을 하루에 두 번 끌어당기는 자연 현상일 뿐일 거야. 그런데 이걸 시인의 눈으로 다시 본다면 어떨까? 아마 은은한 달빛 아래 바닷물이 조금씩 차오르는 모습은 무척 신비로운 모습일 거야.

　레이첼 카슨은 이처럼 바다에 대해 정확한 과학 정보를 전달해 주되 이를 아름답게 느낄 수 있도록 서정적인 문장

으로 알려 주었어. 바다가 어떻게 생겨났는지, 그리고 작디작은 플랑크톤부터 거대한 향유고래에 이르기까지 바다에 사는 온갖 생명들이 바다라는 생명의 보금자리에서 어떻게 살아가는지를 알려 주었지.

선생님은 향유고래와 대왕오징어가 나오는 부분을 재미있게 읽었어. 향유고래는 깊은 바닷속에 사는 대왕오징어를 잡아먹고 사는데, 향유고래도 어마어마하게 크지만 대왕오징어도 엄청나게 커다란가 봐. 카슨의 책을 읽으면 이렇게 거대한 두 생명이 바다를 배경으로 한판 결투를 벌이는 광경이 머릿속에 생생하게 떠오른단다.

레이첼 카슨은 이 책을 쓰기 위해 태어나서 처음으로 잠수까지 했다고 해. 철제 잠수용 헬멧을 쓰고 발에 납덩이를 단단히 매달고 바다 밑으로 내려가서 바닷속 모습을 관찰했지. 당시만 해도 여자를 배에 태우는 일은 거의 없었거든. 여자가 배에 타면 안 좋은 일이 생긴다는 말도 안 되는 미신을 믿던 시절이었으니까.

그럼에도 카슨은 배에 올라 멀미약을 먹으며 플랑크톤을 연구하고 물고기들을 관찰했어. 정확한 분석을 위해서 자료를 모으고 연구하는 것이 과학자의 자세였으니까.

이렇게 연구를 한 다음에는 시인의 마음으로 글을 썼겠지. 카슨은 글을 느리게 쓰기로 유명했어. 그럴 수밖에 없었지. 전문적인 지식을 일반 사람들이 소화할 수 있게 풀어쓰는 것만도 어려운데 여기에다 카슨은 독자들이 바다의 아름다움을 충분히 느낄 수 있도록 문장 한 줄, 단어 하나 가볍게 쓰지 않았으니까.

레이첼 카슨의 노력 덕분에 이 책은 나오자마자 엄청난 성공을 거두었어. 베스트셀러에 오른 것은 물론이고 어부, 가정주부, 학생, 과학자 등 각계각층의 사람들이 이 책을 읽고 카슨에게 감사 편지를 보냈지.

카슨의 책 덕분에 인간 세상이 주는 문제와 스트레스에서 벗어나 자연으로 돌아가 해방감을 맛볼 수 있었노라고.

사람들의 말에 카슨은 이렇게 대답했어.

사람들이 자신의 책에서 해방감을 느끼는 이유는 그동안 우리가 망원경의 엉뚱한 쪽을 들여다보고 있었기 때문이라고. 만약 우리가 망원경을 똑바로 해서 인간 세상을 제대로 보게 된다면, 우리가 우리 자신을 파괴하는 일은 덜하게 될 거라고 말이야."

레이첼 카슨의 바다 삼부작

레이첼 카슨은 바다에 대한 책을 총 3권 썼어요. 1941년 《바닷바람을 맞으며》, 1951년 《우리를 둘러싼 바다》, 마지막으로 1955년 《바다의 가장자리》를 세상에 선보였어요.

카슨은 바다 삼부작을 통해서 독자들이 과학 지식이 적어도 충분히 바다를 알 수 있도록 친절하게 설명해 주었어요.

첫 책인 《바닷바람을 맞으며》가 나왔을 때 비평가들에게는 찬사를 받았지만 책은 거의 팔리지 않았어요. 당시 미국은 제2차 세계 대전의 소용돌이에 빠져 있었거든요.

그로부터 십 년 뒤, 《우리를 둘러싼 바다》를 출판했을 때는 세상이 완전히 바뀌어 있었어요. 제2차 세계 대전은 끝이 났고 사람들은 전쟁에 지쳐 있었어요. 이때 카슨의 《우리를 둘러싼 바다》는 지친 사람들에게 감동을 주었어요. 개발이란 이름으로 오염된 환경, 전쟁으로 파괴된 세상을 살리려면 바다와 자연을 사랑하고 지켜야 한다는 생각이 싹트게 해 주었지요. 《우리를 둘러싼 바다》는 큰 성공을 거두었고 레이첼 카슨은 베스트셀러 작가가 되었어요.

바다 삼부작의 마지막 《바다의 가장자리》 역시 반년 가까이 베스트셀러에 올랐어요. 사람들은 레이첼 카슨의 바다 삼부작을 읽으며 환경 파괴를 멈추고 자연과 함께 살아가는 방법을 찾아야 한다는 사실을 깨닫게 되었답니다.

미국 매사추세츠주의 한 공원에 있는 레이첼 카슨의 동상이에요.

우리가 바다에게 준 것

"망원경? 우리 자신을 파괴?"

이건 또 무슨 말일까? 수수께끼인가? 그러자 선생님이 다시 차근차근 말씀해 주셨어.

"《우리를 둘러싼 바다》의 마지막 장은 인간과 인간을 둘러싼 바다의 이야기야. 바다는 인간에게 많은 걸 주고 있지. 무얼 줄까?"

"물고기요."

"맞아, 우리는 바다로부터 먹을거리를 얻지. 또?"

"소금이요."

"응, 바닷물을 말리면 소금을 얻을 수 있지. 또?"

"음…… 물놀이?"

"그래, 더운 여름날 해수욕을 하면 즐겁기도 하고 몸도 식힐 수 있어. 또?"

"또요? 우리 엄마 아빠의 웃음? 바다를 보러 온 손님들이 우리 카페에서 커피를 사 가니까요."

"하하, 그렇네. 바다에는 우리가 먹을 수 있는 미역, 조개, 물고기 등이 많이 살고 금, 은, 석유, 석탄 같은 광물 자원도 많이 있어. 또 바다는 지구의 온도 조절 장치이기도 해. 바닷물이 이동하면서 냉기와 온기를 골고루 전달해서 지구가 너무 뜨겁거나 차갑지 않게 해 주거든."

"와, 선생님은 우리 학교 선생님보다 더 똑똑한 것 같아요."

"레이첼 카슨이 알려 준 거야. 책에 다 쓰여 있거든. 이 책에 쓰여 있는 중요한 사실이 또 있어."

"뭔데요?"

"반대로 인간이 바다에게 주는 것, 그게 뭘까?"

"인간이 바다에게 주는 것?"

수수께끼가 맞았나 보다. 나는 요리조리 머리를 굴려 보았지만 도통 떠오르는 게 없었어.

"바로 바닷물에 버리는 폐기물이야."

우웩! 폐기물이라고?

"레이첼 카슨은 이 책의 개정판을 내면서 서문에 바다 오염에 대한 문제를 덧붙였어. 사람들이 오염된 핵폐기물을 바닷속에다 버리고 있다며 이를 경고했지. 바다는 넓고 깊

으니까 쓰레기 조금 버리는 게 큰 문제가 안 된다고 생각하는 사람들이 있어. 하지만 그게 아니지. 바다를 오염시키면 그 오염된 물질을 바다 생명체들이 먹게 될 테고, 그 바다 생명체를 먹는 건 우리 인간이니까. 결국 바다에 버린 쓰레기의 최종 도착지는 우리 인간이 되는 거야. 인간이 인간을 파괴하는 짓이지."

"디디티의 경우처럼 말이죠?"

"그래, 망원경을 제대로 들어 인간 세상을 제대로 보라는 건 이런 의미일 거야. 제대로 보면 인간이 편리하게 살기 위해 벌인 일들이 오히려 인간을 파괴하는 일이었다는 걸 금세 깨달을 수 있을 테니까."

선생님이 다 식은 코코아를 마시고 얼굴을 살짝 찡그렸어.

《우리를 둘러싼 바다》는 단박에 베스트셀러에 올랐어. 드디어 카슨의 글이 세상에 인정을 받게 된 거야. 상도 많이 받고 독자들로부터 편지도 엄청나게 받았지. 무엇보다 카슨의 경제 사정이 많이 나아졌어. 카슨은 어른이 된 뒤에도 집안의 가장 역할을 하느라 경제적인 여유가 없었거든. 그런데 이제는 책에서 나오는 수입과 잡지에 글을 쓰고 받는 원고료만으로도 충분히 생활을 할 수 있게 된 거야. 그때부터 카슨은 그토록 꿈꾸던 생활을 시작해."

"꿈꾸던 생활이요? 으리으리한 집으로 이사하기? 비행기 타고 세계 여행? 아니면 맛난 음식 매일 먹기?"

내 말에 선생님이 또 웃었어. 나 웃긴 캐릭터 아닌데. 꽤 생각하고 말한 건데.

"카슨은 그쪽으로는 관심이 없었어. 수입이 안정이 되자, 카슨이 가장 먼저 한 일은 시골 해변가에 작은 오두막을 짓는 거였단다. 항상 바다와 접하며 글쓰기에 전념할 수 있도록."

"레이첼 카슨다운 결정이네요, 선생님!"

"선생님도 그렇게 생각해. 해변가 오두막에서 지내며 카슨은 세 번째 책 《바다의 가장자리》를 썼어. 《바다의 가장자리》를 보면 수많은 지구 생명체들이 서로 어떻게 어우러지며 살고 있는가를 알 수 있어. 예를 들면, 해림이는 소라를 잘 아니?"

"알죠. 이래 봬도 바닷가에 사는 소녀인걸요!"

"해림이가 해변을 걷다가 소라 껍데기를 주웠어. 그럼 껍데기를 보며 '이건 소라구나.' 하겠지?"

"그렇겠죠! 소라가 어떻게 생겼는지 아니까요."

"카슨은 그것만으로는 충분하지 않다고 말해. 진짜 소라를 알려면 이 소라가 어떻게 거친 파도와 폭풍우를 이기며 살아왔는지, 이 소라의 먹이는 무엇인지, 이 소라와 서로 도우며 살아가는 다른 생물은 없는지, 소라는 어떻게 새끼를 낳고 기르는지, 마지막으로 이 소라는 바다와 어떤 관계를 맺고 있는지……. 이 모든 것을 파악해야 비로소 소라를 제대로 아는 거라고."

"우아, 정말 과학자 같은 태도네요!"

나는 과장되게 고개를 절레절레 흔들었어. 선생님을 웃기려고. 그런데 이번에는 선생님이 웃지 않고 꽤 진지하게 말씀하셨어.

"해림이도 이름만 안다고 다 친구라고 생각하지는 않잖아. 그 아이의 성격은 어떤지, 그 아이가 무얼 좋아하는지 싫어하는지, 그 아이의 꿈은 무엇인지, 나와 대화는 잘 통하는지 이런 것들을 하나씩 알아가면서 우정이라는 감정이 싹트는 것 아닐까?"

"그렇죠. 그렇게 해서 만난 게 제 단짝 윤지니까요."

"그래, 선생님 생각에 카슨은 《바다의 가장자리》란 책을

통해서 이런 관계 맺음을 알려 주려고 한 것 같아. 지구에는 셀 수 없을 만큼 수많은 생명체들이 있고 그 생명체들은 서로 긴밀하고 복잡하게 연결되어 있다는 사실. 무엇보다 어떤 생명체도 홀로 살아갈 수 없다는 것! 해림이와 윤지, 또 해림이와 코코처럼!"

그때 "냐아옹!" 하고 입원실 쪽에서 고양이 소리가 나지막하게 들려왔어.

"코코!"

나는 자리에서 벌떡 일어나 입원실 문을 활짝 열었어. 드디어 코코가 깨어났나 봐.

"괜찮아, 코코?"

그러자 코코가 심드렁한 표정으로 나를 쳐다보며 "냐아옹!" 하고 한 번 더 울었어. 역시 코코야. 입원실은 처음일 텐데도 아주 익숙하다는 듯 대자로 누워 있네. 그래도 이젠 얄밉지 않아. 다행이야, 코코. 살아 줘서 고마워, 코코!

경이로운 자연

 그날 밤, 나는 잠이 쉽게 오지 않았어. 엄마 아빠에게 꾸지람을 들었냐고? 아니야. 사실 집으로 돌아갈 때는 가슴이 좀 오그라들기는 했어. 엄마 아빠가 불같이 화를 내실 줄 알았거든. 내가 코코를 다치게 한 거니까.

 그런데 엄마는 오히려 스스로를 탓하셨어. 날벌레 때문에 청소하라고 잔소리한 건 엄마 자신이었다면서 울먹이기까지 하셨어. 그래서 나도 엄마랑 얼싸안고 또 한바탕 울음을 터뜨렸어. 역시 눈물이 많은 건 유전이야.

 아빠도 나 혼자 코코를 병원에 데리고 가게 해서 미안하다고 하셨어. 코코가 살아나서 정말 다행이라고. '다행이다'라는 말을 열 번은 더 하신 것 같아. 동물 병원에 전화해서

는 감사하다는 인사를 또 열 번은 더 하셨지.

나는 창가에 앉아 바다를 내려다보았어. 바닷물은 가로등 불빛에 희미하게 반짝거렸지.

카슨은 밤바다를 좋아했대. 밤이면 종종 바닷가에 나가 해변을 걷곤 했는데, 그럴 때면 낮에는 잘 볼 수 없었던 야행성 생물들이 빼꼼히 그 모습을 드러내곤 했대. 그러면 카슨은 수첩을 꺼내서 야행성 생물들의 모습과 행동을 꼼꼼하게 기록하고는 했다지.

수의사 선생님이 그랬어. 카슨은 바다를 연구하면서 자연의 고마움을 더욱 잘 알게 되었다고.

"카슨은 책을 쓰면서 자연스럽게 생명 공동체에 대해 고민하게 되었단다. 누군가는 인간이 이 지구의 주인이라고 말하지만, 인간은 수많은 지구 생명체들 중 하나일 뿐 모두 함께 거대한 생명 공동체를 이루고 있다고 말이야. 그런데 그 인간이 자연을 마구 낭비하고 생명 공동체를 파괴하려고 하니, 얼마나 답답하고 가슴이 아팠을까?"

선생님은 카슨의 책을 읽은 덕분에 카슨의 눈을 통해서 자연을 다시 바라보게 되었대.

"그때부터 선생님은 자연이 다르게 보이기 시작했어. 그

전에도 숲이나 바다를 좋아하긴 했지만 그뿐이었거든. 자연은 언제나 그 자리에 있는 거라고 생각했어. 도시에서 편리하게 살다가 가끔 쉬고 싶을 때면 찾는 휴식 공간 정도? 그런데 선생님도 이젠 알아. 풀 한 포기, 나무 한 그루, 작은 개미들 그리고 코코 같은 거리의 고양이들이 다 나와 연결되어 있다는 것을. 모두가 소중하고 고마운 존재라는 것을. 그래서 선생님이 이 바닷가 마을에 온 거야. 매일 자연을 접하며 함께 살아가고 싶어서."

선생님은 자연의 경이로움을 깨달은 사람이라면 자연과 생명을 하나하나 세심하게 바라보게 될 것이고, 그렇게 바라보다 보면 사랑하는 마음이 솟을 테니 저절로 환경 운동가가 될 수밖에 없을 거라고 말씀하셨어. 그 단순한 사실을 알려 준 게 바로 레이첼 카슨이라고.

오늘따라 파도 소리가 더 정답게 들리는 것 같아. 저 바다 안에 수많은 생명체들이 나와 함께 숨 쉬며 살고 있다는 것을 알게 되었으니까.

4장
나는 바다숲 환경 운동가

선생님의 선물

"엄마, 늦어요. 빨리!"

나는 문밖에서 소리쳤어.

"선생님이 10시까지 데리러 오라고 하셨단 말이에요."

"조금만 더 구우면 돼. 조금만!"

아침에 일어나니 수의사 선생님께 반가운 문자가 와 있었어. 오늘 코코가 퇴원해도 된다고 말이야. 그때부터 엄마는 선생님께 드릴 쿠키를 굽겠다며 난리도 아니었어. 결국 우리는 약속 시간에 아슬아슬하게 병원에 도착했어.

엄마는 선생님을 보자마자 몇 번이나 죄송하다고 말씀하셨어. 선생님은 아니라며 손사래를 치셨지.

"해림이가 상황 판단을 빨리해서 별문제 없이 치료할 수 있었어요. 해림아, 잠깐만 기다려. 코코 데리고 나올게."

잠시 뒤, 선생님이 코코를 안고 입원실에서 나오셨어.

"코코!"

반가운 마음에 나도 모르게 팔을 활짝 벌리고 코코에게 달려갔어. 머릿속으로는 코코가 나에게 폭 안겨서 그르렁거리는 모습을 상상하면서 말이야.

하지만 내가 다가가자 코코는 갑자기 휙 고개를 꺾더니 선생님 품속에서 폴짝 뛰어나와 그대로 문밖으로 뛰쳐나가

버렸어.

"코코! 코코!"

코코를 뒤쫓아 밖으로 나가 보았지만 코코는 벌써 사라진 뒤였어. 순식간에 벌어진 일이었지.

"하하하, 괜찮아. 몸놀림이 재빠른 걸 보니 다 나은 거 같다."

문 옆에서 선생님이 웃으며 말씀하셨어.

"저렇게 바로 거리로 나가도 될까요? 당분간 집 안에서 키워야 할 것 같아 바구니도 가져왔는데."

엄마 말씀에 선생님이 괜찮다고 말씀해 주셨어.

"길고양이들에게는 길고양이들의 삶이 있으니까요. 코코는 씩씩하니까 잘 살 거예요. 대신 코코가 나타나면 주의 깊게 살펴봐 주세요."

"그건 제가 잘할 수 있어요!"

내가 손을 번쩍 들며 말했어.

그 뒤로도 엄마와 선생님은 한참이나 수다를 떨었어. 어느 가게 물건이 저렴하면서도 품질이 좋은지부터 시작해서 도시를 떠나 낯선 바닷가에 사는 생활이 얼마나 어려운지에 대해서까지. 이곳이 고향인 아빠와는 달리 아는 사람 하나 없던 엄마는 드디어 대화를 나눌 친구가 생겼다며 진심으로 기뻐하셨지.

집으로 돌아가는 길, 선생님은 내게 책 한 권을 주셨어.

"어제 방 정리하다 보니 이 책이 있더라. 해림이가 읽어 주면 좋을 것 같아서."

난 세상에서 책 선물이 가장 별로야. 그런데 이번만은 달랐어. 책을 쓴 사람이 바로 '레이첼 카슨'이었으니까.

"다른 책은 아직 해림이가 읽기 어렵지만, 이 책은 괜찮을 것 같아서."

"감사합니다, 선생님. 집에 가서 당장 읽어 볼게요."

선생님이 선물해 주신 책 이름은 《센스 오브 원더(자연, 그 경이로움에 대하여)》였어.

자연을 놀랍게 바라볼 수 있다면

《센스 오브 원더》는 카슨 할머니가 잡지에 쓴 글들을 모은 책이야. 갑자기 왜 레이첼 카슨을 할머니라고 부르냐고? 《센스 오브 원더》를 읽어서 그래. 이 책에는 나이가 지긋해진 레이첼 카슨이 조카의 어린 아들과 함께 자연을 경험한 내용이 담겨 있거든.

카슨은 평생 결혼을 하지 않았지만 먼저 세상을 떠난 조카 대신 조카의 아들 로저를 손주처럼 키웠대. 꼬마 로저와 해변을 거니는 레이첼 카슨을 떠올리며 책을 읽다 보니 어느새 나에게도 카슨은 '할머니'가 되었어.

이 책이 잡지에 처음 실렸을 때의 제목은 '당신의 자녀가 자연에서 놀라움을 느낄 수 있도록 도와라'였대. 그러니까

이 책은 아이가 어린 시절부터 자연을 접할 수 있도록 부모가 옆에서 도와주면 좋겠다는 카슨 할머니의 뜻이 담겨 있는 셈이지.

　카슨 할머니는 어린이란 원래부터 자연의 아름다움을 잘 알아보는 존재라고 하셨어. 깜짝 놀라고 잘 흥분하고 금세 좋아하고! 나도 그랬던 것 같아. 유치원 때만 해도 알록달록 무당벌레가 세상에서 가장 예쁘고 신기했거든. 그런데 어른이 되면서 사람들은 순수하게 놀라며 좋아하는 본능을 잃어 간대. 나만 해도 이제는 무당벌레가 예전만큼 신기하지 않거든. 그렇다고 내가 다 컸다는 말은 아니지만.

　카슨 할머니는 만약 어린이를 지켜 주는 착한 요정이 있다면 이렇게 부탁하시겠대. "모든 어린이가 자연을 보고 놀라는 마음을 언제까지나 가지고 있게 해 주오." 라고 말이야.

　반대로 자연에 대해서 놀라운 감정을 계속 간직하고 있는 아이라면 이번에는 아이가 착한 요정이 되어 어른들을 도와줄 수도 있을 거래. 어른들이 다시 자연의 아름다움을 느낄 수 있도록 말이야.

　그런 의미에서 내가 이 책을 다 읽은 다음 첫 번째로 한 일은 엄마 아빠에게 읽어 보라고 닦달하기, 아니 권하기.

난 엄마가 이 책을 읽고 감동받길 바라거든! 그래서 '우리 엄마가 영어 단어 외우는 것보다 바닷가를 산책하는 것이 더 중요한 일이라는 것을 깨닫게 해 주세요.' 하고 빌었지.

그런데 진짜 감동을 받은 사람은 우리 아빠야. 우리 아빠도 어렸을 때는 바닷가 소년이었으니까. 바다를 헤엄치며 바다 생물들을 신기하게 구경했던 소년 시절이 떠올랐다고 하셨어. 그래서 오랜만에 가슴이 뭉클해졌다고.

덕분에 우리 집 책장에는 두꺼운 식물 도감이랑 동물 도감이 나란히 자리하게 되었어. 이제는 예쁜 꽃이 피었구나 하고 말았던 들꽃 하나, 냠냠 맛있게 먹기만 했던 생선 하나도 그냥 지나치지 않고 제대로 알아볼 생각이야.

우리 모두 환경 운동가

"어머머, 태안 기름 유출 사건이 이렇게 심각한 거였구나!"

아침부터 쩌렁쩌렁 카페를 울리는 엄마의 목소리.

"해림아, 이것 좀 봐. 왜, 얼마 전에 우리 같이 뉴스 봤잖아. 지중해에서 발생한 기름 유출 사건. 바다에 쏟아진 시커먼 기름을 먹고 푸른바다거북이 많이 죽었다고 나왔잖아."

"응, 엄마 아빠랑 나랑 엄청 화냈잖아. 푸른바다거북은 멸종 위기종인데!"

"우리나라에도 비슷한 사건이 있었거든. 여기 보니까 2007년이었네. 우리 해림이가 태어나기 전이었구나. 태안 앞바다에 기름을 잔뜩 실은 유조선이 파손되어서 바다가 온통 검은 기름으로 뒤덮였던 적이 있었어. 나쁜 의미로 대단했지. 태안 마을 사람들은 물론이고 전국에서 자원봉사자들이 몰려와서 기름 닦아 낸다고 아주 열심이었단다. 아빠도 갔었어. 아빠가 바다에서 벌어진 일이라 남 일 같지 않다고 가슴 아파했거든. 지중해 기름 유출 사건을 보고 생각나서 찾아보니까 이때 오염된 태안 바다의 생태계가 복구되는 데 10년 넘게 걸렸다는구나."

 엄마는 요즘 나보다 더 환경 보호 운동에 열심이셔.
 "엄마가 지금까지는 잘 모르고 관심이 없었지만, 이제 알

앗으니 확실히 해야겠지?"

엄마가 환경 운동에 눈을 뜬 뒤로 우리 집은 완전히 바뀌었어. 모두 친환경으로. 빨래를 할 때도, 청소를 할 때도, 설거지를 할 때도 우리 집 세제는 무조건 베이킹소다랑 구연산 같은 친환경 세제야. 장을 볼 때는 비닐 봉투를 사용하지 않으려고 꼭 헝겊 가방이나 음식 담을 반찬 그릇을 가져가. 전에는 엄마도 아빠도 생선은 좋지만 비린내는 싫다며 꼭 비닐장갑을 끼고 손질하셨거든? 하지만 환경을 생각하는 마음에서 더 이상 비닐 같은 플라스틱 물질은 쓰지 않기로 했어.

그런데도 매일 플라스틱 쓰레기가 나오는 게 신기해. 과자 한 봉지, 음료수 한 통만 사 먹어도 금세 플라스틱 쓰레기가 생기니까. 캔이나 플라스틱 병은 재활용할 수 있으니까 그나마 다행이지? 참 내가 재활용 쓰레기 담당이야. 그런데 생각보다 어려워. 이물질도 닦아 내야 하고 병에 붙어 있던 스티커도 떼어 내야 하니까. 그래도 열심히 해 볼 생각이야. 우리 어린이들이야말로 이 지구에서 오래오래 살아갈 테니까. 지구가 쓰레기로 뒤덮이게 할 순 없잖아.

카페에서 매일 나오는 원두 가루는 탈취제로 다시 사용

해. 손님들에게도 나누어 주고. 플라스틱 빨대는 쓰지 않고 개인 컵을 가져오는 손님에게는 할인도 해 줘. 이거 다 내 아이디어야. 찾아보니까 생활 속에서 실천할 수 있는 환경 보호 방법이 꽤 되더라고.

  다 쓰레기가 된다는 생각에 쓸데없는 물건을 덜 사게 된다는 것도 환경 운동의 좋은 점이야. 용돈이 자꾸 모이거든. 차곡차곡 모았다가 겨울이 오기 전에 코코랑 다른 길고양이들이 따뜻하게 쉴 수 있는 집을 만들어 줄 거야. 내가 봐도 나 윤해림은 정말 기특해. 카슨 할머니가 보셨으면 폭풍 칭찬을 해 주시겠지? 히히.

 끊이지 않는 바다 오염 사고

　우리나라에서도 바다 생태계를 위협하는 큰 사고가 발생한 적이 있어요. 2007년 12월 7일 충청남도 태안 앞바다에서 유조선과 해상 크레인이 충돌해 유조선의 기름이 바다로 흘러나오는 사고가 일어났어요. 이 사고로 바다가 오염되어 바다 생물들이 피해를 당한 것은 물론이고 주변 양식장의 굴, 김, 바지락 등의 어패류도 거의 다 죽었어요. 때문에 이를 생계로 하는 지역 주민들도 심각한 피해를 입었지요. 130만 명이 넘는 자원봉사자들이 태안으로 찾아와 오염된 기름띠를 제거하기 위해 노력했지만, 한 번 오염된 바다를 복구하는 일은 쉽지 않았어요.
　2011년 3월 11일 일본 후쿠시마에서는 지진 해일로 인해 원자력 발전소에서 방사능이 누출되는 사고가 벌어졌어요. 이로 인해 후쿠시마 일대가 방사능에 심각하게 오염된 것은 물론 바다로 흘러나온 방사능 폐기물 때문에 바다 생물까지 크게 오염되었어요. 안타깝게도 방사능 폐기물 문제는 지금까지 계속되고 있어요.

한 바다 생물이 바다로 흘러나온 기름에 뒤덮여 있어요.

망태기를 든 소녀

 오늘은 일요일, 내가 가장 바쁜 날이야. 주말이라 카페에 손님이 많아서냐고? 아니, 오늘은 다른 중요한 일이 있어. 바다숲 지킴이가 출동하는 날이거든. 언제 바다숲 카페지기에서 바다숲 지킴이로 바뀌었냐고? 아니, 카페지기는 카페지기대로 계속하고 있어. 얼마 전에는 아빠랑 용돈 협상, 아니 임금 협상에도 성공해서 제법 쏠쏠해.
 바다숲 지킴이는 내가 만든 환경 운동 모임 이름이야. 우리 동네 바다와 숲을 지키는 모임! 회원은 나랑 엄마랑 동물 병원 선생님이랑 나의 단짝 윤지. 아직 회원은 적지만 계속 모집 중이니까 너도 생각 있으면 이야기해 줘.
 우리가 하는 일은 간단해. 매주 일요일 오후에 모여 해가

질 때까지 바닷가를 산책하며 쓰레기를 줍는 거야. 하지만 쓰레기를 주우면서 느끼는 것은 그리 간단하지 않아. 쓰레기를 줍다 보니 사람들이 모래사장에 버린 쓰레기도 많지만 바다에서 밀려온 쓰레기도 만만치 않다는 걸 알게 되었어. 아주 심각할 정도로 말이야. 길고양이들 중에는 바닷가에서 밀려온 오래된 쓰레기를 해산물인 줄 알고 먹다가 탈이 난 아이들도 꽤 많아.

처음에는 이 일도 쉽지만은 않았어. 윤지랑 경쟁하듯 쓰레기를 주웠더니 허리도 아프고 팔도 저리고 그랬거든. 쓰레기가 너무 많아서 화도 많이 났고. 왜 사람들은 쓰레기를 함부로 버리는 거야!

그런데 선생님이 조급해 하지 말고 천천히 꾸준히 오래오래 하자고 말씀해 주셔서 지금은 최대한 즐겁게 하려고 해.

코코도 잘 지내. 코코는 여전해. 어슬렁어슬렁 동네를 실컷 돌아다니다 내가 청소를 다 해 놓으면 귀신같이 알고 들어와 카페 안을 모래투성이로 만들어 놓지. 먹다 남은 음식 찌꺼기를 뒷마당에 버리는 것도 똑같아. 그래도 화학 살충제는 쓰지 않아. 몸에 해로운 화학 살충제 대신 계핏가루로 천연 살충제를 만들어 쓸 수 있더라고. 효과는 좀 떨어지지

만 그 대신 내가 더 자주 청소하면 되니까.
 이젠 정말 나가 봐야겠다. 오늘은 쓰레기를 줍고 담을 집게랑 망태기에 돋보기도 하나 챙길 거야. 카슨 할머니가 그랬거든. 너무 익숙해서 무심히 지나친 것들을 돋보기로 다시 관찰해 보라고. 그러면 우리가 미처 보지 못했던 것들을 볼 수 있을 거라고. 돋보기 하나로 다른 세상에 들어가 볼 수 있을 거라고 말이야.
 카슨 할머니의 말씀처럼 오늘은 돋보기를 들고 여기저기 들여다봐야지. 모래알도 들여다보고 작은 생명들도 찾아볼 거야.
 자, 준비 완료.
 출발!

똑똑 공부
환경과 생태계

다양한 생물들이 함께 살아가는 생태계

지구상의 모든 생물은 물속이나 땅속, 땅 위 등 다양한 장소에서 다른 생물들과 함께 살아가요. 생물이 다른 생물 및 빛, 온도, 물, 흙, 공기 등 비생물 요소와 서로 돕고 영향을 주고받는 것을 생태계라고 해요. 지구상의 모든 생물은 생산자, 소비자, 분해자로 나눌 수 있어요.

- **생산자** : 식물은 스스로 영양분을 얻어요. 이렇게 살아가는 데 필요한 영양분을 스스로 만드는 생물을 '생산자'라고 해요.
- **소비자** : 메뚜기, 개구리, 뱀, 멧돼지 등은 스스로 양분을 만들지 못해요. 그래서 다른 식물이나 동물을 먹이로 살아가지요. 이렇게 살아가는 데 필요한 영양분을 식물이나 다른 동물에서 얻는 생물을 '소비자'라고 해요.
- **분해자** : 곰팡이나, 세균 등은 생물의 사체나 배설물을 분해하여 살아가요. 이러한 것들을 '분해자'라고 불러요.

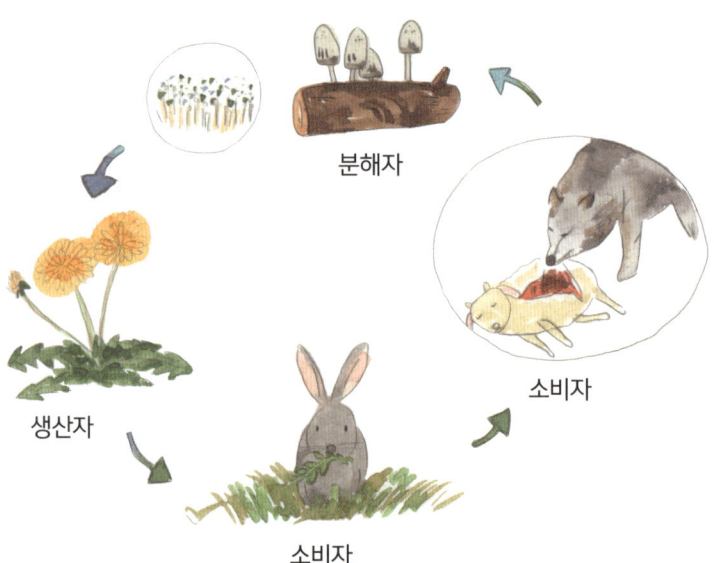

생물을 둘러싼 비생물적 요소

빛, 물, 공기, 온도, 흙 등은 생산자인 식물이 영양분을 만들고 소비자인 동물이 살아가도록 영향을 주어요. 또 소비자인 메뚜기는 풀을 먹어서 생활하는 데 필요한 영양분을 얻어요. 소비자인 개구리는 메뚜기를 먹어서 생활하는 데 필요한 영양분을 얻고요. 그리고 메뚜기와 개구리의 배설물과 사체는 분해자인 곰팡이나 세균에 의해 분해되어 흙으로 돌아가요. 그러면 그 흙에서 다시 생산자인 식물이 자라나지요. 이처럼 생태계를 구성하는 요소는 서로 영향을 주고받아요.

- **빛** : 햇빛은 생물이 자라고 생활하는 데 영향을 주어요. 특히 식물이 영양분을 만들기 위해서는 햇빛이 꼭 필요해요.
- **물** : 생물이 살아가는 데 반드시 필요한 물질이에요. 식물은 뿌리를 통해서 물을 흡수하고, 동물은 스스로 물을 마셔요.
- **공기** : 식물은 이산화탄소를 마시고 산소를 내뱉고, 동물은 산소를 마시고 이산화탄소를 내뱉어요. 공기는 식물과 동물이 호흡하며 살 수 있도록 하는 중요한 물질이에요.
- **온도** : 온도도 생물이 살아가는 데 많은 영향을 끼쳐요. 온도가 너무 낮거나 너무 높으면 식물이나 동물이 제대로 살 수 없어요.
- **흙** : 생물이 살아가는 터전이 되어요. 식물은 영양분을 만드는 데 필요한 물과 양분을 흙에서 얻어요.

생태계를 이루는 생태 피라미드

생산자와 소비자, 그리고 분해자는 서로 먹고 먹히는 관계에 있어요. 이 관계가 하나로 이어져 있으면 '먹이 사슬', 여러 사슬로 얽혀 있으면 '먹이 그물'이라 부르지요.

이때 생산자인 식물을 먹이로 하는 초식 동물은 1차 소비자, 1차 소비자를 먹이로 하는 육식 동물을 2차 소비자, 마지막 단계의 소비자를 최종 소비자라고 해요. 이러한 먹이 사슬에 따라 생물의 수나 양 등을 헤아려 보면 단계가 위로 갈수록 줄어드는 피라미드 모양이 되어요. 이를 생태 피라미드라고 부르지요.

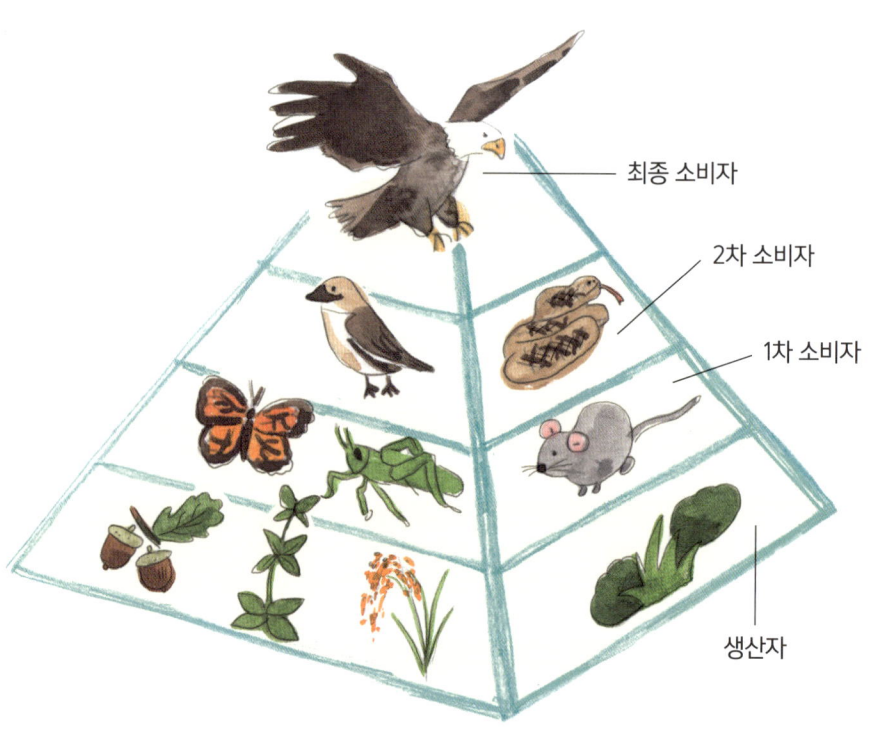

먹이 사슬

서로 먹고 먹히는 생물들의 관계가 긴 사슬 모양이 되기 때문에 이를 '먹이 사슬'이라고 불러요.

 ### 먹이 그물

먹이 사슬은 꼭 한 방향으로만 이루어지지 않아요. 대부분 수많은 먹이 사슬들이 서로 얽혀서 그물 모양을 이루지요. 이를 '먹이 그물'이라고 해요.

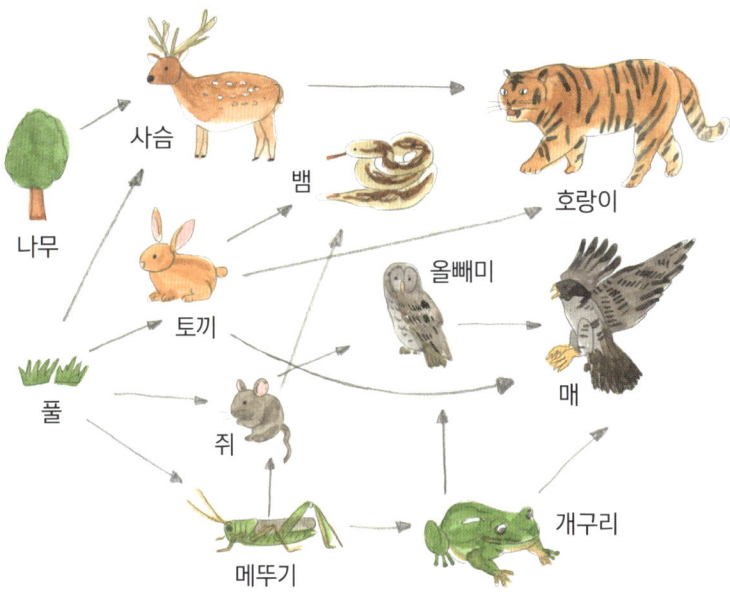

사람들을 위협하는 환경 오염

인간만을 위한 개발은 자연을 파괴하고 환경을 오염시키는 원인이 되기도 해요. 그리고 이는 다시 인간의 삶을 위협하는 심각한 문제가 되고 있어요.

· 미세 먼지

미세 먼지는 지름이 10마이크로미터(1마이크로미터=1000분의 1밀리미터) 이하의 먼지를 말해요. 미세 먼지는 주로 석탄과 석유 등 화석 연료가 연소될 때 배출되어요. 미세 먼지 중에서도 입자가 더 작은 먼지는 초미세 먼지라고 부르는데, 이는 대기 중에 배출된 가스 상태의 오염 물질이 서로 엉겨 붙어 만들어지지요. 오랜 시간 미세 먼지에 노출되면 천식, 기관지염 등 호흡기 질환에 걸리는 것은 물론 면역력이 낮아지고 심혈관, 피부 등에도 나쁜 영향을 끼쳐요.

· 인수 공통 감염병

인수 공통 감염병은 동물과 사람이 같이 감염되는 병을 말해요. 사스, 메르스, 코로나19, 원숭이 두창 등이 인수 공통 감염병이지요. 이 감염병은 모두 야생 동물로부터 전해졌어요. 사스는 박쥐나 사향고양이, 메르스는 박쥐나 낙타, 코로나19는 박쥐와 천산갑, 원숭이 두창은 원숭이를 통해서 옮겨졌다고 알려져 있어요. 과학자들은 야생 동물의 터전이 환경 오염과 무분별한 개발로 파괴되어 야생 동물들이 인간이 사는 곳으로 점점 더 많이 이동했기 때문이라고 말해요. 그만큼 인간이 야생 동물 속에 있던 바이러스에 감염될 확률이 높아진 것이지요.

무씨 발아 실험

우리가 생활 속에서 흔히 쓰는 합성 세제가 생물에 어떤 영향을 끼치는지 실험을 통해 알아보아요.

· 준비물 : 무씨, 페트리 접시 2개, 탈지면, 물, 합성 세제 용액, 스포이트, 이름표, 펜

· 실험 과정

① 페트리 접시 2개에 탈지면을 깔아요. 각각의 접시에 스포이트로 물과 합성 세제 용액을 뿌리고 이름표를 달아요.

② 각각의 페트리 접시에 무씨를 같은 개수로 올려놓아요.

③ 비닐 랩이나 투명 뚜껑으로 페트리 접시를 닫고 따뜻한 곳에 놓아두어요.

④ 일주일 뒤 각각의 페트리 접시에서 싹이 튼 무씨의 개수와 상태를 비교해 보아요.

· 실험 결과

물을 뿌린 접시에서는 싹이 잘 트지만 합성 세제 용액을 뿌린 접시에서는 싹이 잘 트지 않았어요. 합성 세제 용액이 씨를 손상시켰기 때문이에요. 이 실험으로 합성 세제가 생태계에 어떤 악영향을 주는지 알 수 있어요.

감수자의 말

살아가면서 멋진 멘토를 만나는 것은 큰 행운입니다. 멘토는 가족이나 친구, 선생님이 될 수도 있고, 때로는 미디어나 책을 통해 만나기도 하지요. 레이첼 카슨은 일반인들을 비롯해 많은 환경 운동 관계자들이 마음속으로 생각하는 '그린 멘토'입니다.

레이첼 카슨이 쓴 《침묵의 봄》이나 《우리를 둘러싼 바다》를 포함한 바다 삼부작, 《센스 오브 원더》 등은 자연에 대한 경외심을 일깨워 줌과 동시에 언어의 아름다움도 선사합니다.

레이첼 카슨을 어린이들에게 소개하는 이유는 무엇일까요? 그것은 '아이들은 왜 자연에서 살아야 하는가?'라는 질문과 관련이 있을 것입니다. 레이첼 카슨이 쓴 책은 자연과 생물 사이의 상호 작용을 시적인 언어로 독자의 눈높이에 맞게 잘 설명하고 있습니다. 레이첼 카슨의 책을 읽다 보면 자연에 대한 애정이 자연스레 샘솟지요. 이러한 감정은 미국의 저명한 생물학자 에드워드 윌슨이 말한 '생명애'와 비슷합니다. 에드워드 윌슨에 따르면, 인간은 살아 있는 모든 생물에 대해 본능적으로 정서적 애착을 느낀다고 합니다. 그러니까 '생명애'란 생명을 가진 모든 것을 사랑하는 마음인 셈이지요. 레이첼 카슨의 책은 바로 이 '생명애'를 북돋고 꽃피우는 역할을 하고 있습니다.

어른들의 멘토를 어린 학생들에게 권유하는 것은 자연스러운 일입니다. 《레이첼 카슨, 침묵의 봄을 깨우다》 속 수의사 선생님은 자신의 멘토인 레이첼 카슨을 해림이에게 소개합니다. 그러면서 자연스레 해림이도 레이첼 카슨에게 빠져들지요. 《레이첼 카슨, 침묵의 봄을 깨우다》는 아이들이 공감할 수 있는 스토리로 레이첼 카슨의 세계을 보여 줍니다. 도시에 살다 바닷가로 이사를 온 소녀 윤해림은 레이첼 카슨에게 자연스레 스며들고 자연과 환경, 생명의 중요성을 깨닫게 되지요.

이 책의 또 다른 매력은 주인공 해림이가 주변에서 흔히 볼 수 있는 친구들처럼 평범하면서도 진솔하다는 것입니다. 친숙한 캐릭터인 윤해림이 레이첼 카슨을 알고 난 뒤 느끼는 전율이 독자에게 고스란히 전해지는 것도 이 책의 큰 장점입니다. 더불어 우리도 환경에 대한 생각과 행동이 서서히 변해 가고 있음을 느낄 수 있을 것입니다.

더욱 많은 독자들이 해림이의 변화에 동참하고 자연이 주는 감동을 누리기를 바랍니다.

서울 신연중학교 과학 교사 이수종

레이첼 카슨, 침묵의 봄을 깨우다　한우리독서토론논술 필독서 선정, 아침독서신문 선정, 한국학교사서협회 추천

펴낸날 초판 1쇄 2022년 6월 13일 | 초판 4쇄 2024년 12월 11일

글 강성은 | **그림** 민승지 | **감수** 이수종
편집 박주미 | **디자인** 김윤희 | **홍보마케팅** 이귀애 이민정 | **관리** 최지은 강민정
펴낸이 최진 | **펴낸곳** 천개의바람 | **등록** 제406-2011-000013호 | **주소** 서울시 영등포구 양평로 157, 1406호
전화 02-6953-5243(영업), 070-4837-0995(편집) | **팩스** 031-622-9413 | **도판** Shutterstock

ⓒ강성은·민승지, 2022 | ISBN 979-11-6573-259-2　73470

* 이 책은 저작권법에 따라 보호받는 저작물이므로 무단전재와 무단복제를 금지하며,
  이 책 내용의 전부 또는 일부를 이용하려면 반드시 저작권자와 천개의바람의 서면 동의를 받아야 합니다.

* 잘못 만든 책은 구입하신 서점에서 바꾸어 드립니다. 천개의바람은 환경을 위해 콩기름 잉크를 사용합니다.
* 종이에 베이거나 긁히지 않도록 조심하세요. 책 모서리가 날카로우니 던지거나 떨어뜨리지 마세요.

제조자 천개의바람 **제조국** 대한민국 **사용연령** 10세 이상